Símbolos de libertad

El Juramento de Lealtad

Lola M. Schaefer

Traducción de Julio Fonseca

Heinemann Library
Chicago, Illinois

© 2003 Heinemann Library
a division of Reed Elsevier Inc.
Chicago, Illinois

Customer Service 888-454-2279
Visit our website at www.heinemannlibrary.com

Designed by Lisa Buckley
Printed and bound in the United States by Lake Book Manufacturing, Inc.

07 06 05 04 03
10 9 8 7 6 5 4 3 2 1

Library of Congress Cataloging-in-Publication Data
Schaefer, Lola M., 1950-
    [Pledge of Allegiance. Spanish]
    El juramento de lealtad / Lola M. Schaefer ; traducción de Julio Fonseca.
        p. cm— (Símbolos de libertad)
    Summary: Examines the history and meaning of the Pledge of Allegiance.
    Includes bibliographical references (p.) and index.
    ISBN 1-4034-2997-9 (HC)—ISBN 1-4034-3020-9 (Pbk.)
1. Bellamy, Francis. Pledge of Allegiance to the Flag—Juvenile literature. 2. Flags—United States—Juvenile literature. [1. Pledge of Allegiance. 2. Flags—United States. 3. Spanish language materials.] I. Title. II. Series.
JC346. S3318 2003
323. 6'5'0973—dc21

2002032934

Acknowledgments
The author and publishers are grateful to the following for permission to reproduce copyright material:
Cover photograph: Shelly Katz/TimePix
pp. 4, 10, 15, 17 Michael Brosilow/Heinemann Library; pp. 5, 6 Corbis; p. 7 Mary Kate Denny/PictureQuest; p. 8 Tony Freeman/PhotoEdit/PictureQuest; p. 9 Morton Beebe, S.F./Corbis; p. 11 James Marshall/Corbis; p. 12 PhotoDisc; p. 13 Joe Sohm, Chromosohm/Stock Connection/PictureQuest; pp. 18, 21 The Rome Historical Society; p. 19 Boston Public Library/Rare Book Department. Courtesy of the Trustees; p. 20 Oscar White/Corbis; p. 23 Watertown Free Public Library; p. 24 Library and Archives, The American Legion National Headquarters, Indianapolis, Indiana; p. 25 Nathan Benn/Stock, Boston/PictureQuest; p. 26 Bettman/Corbis; p. 27 Yogi, Inc./Corbis; p. 29 AFP/Corbis

Special thanks to Stockton School, Chicago, IL.

Every effort has been made to contact copyright holders of any material reproduced in this book. Any omissions will be rectified in subsequent printings if notice is given to the publisher.

Unas palabras están en negrita, **así.**
Encontrarás el significado de esas palabras
en el glosario.

Contenido

El Juramento de Lealtad

Estos niños están diciendo el Juramento de **Lealtad.** Muchos estadounidenses dicen el juramento todos los días.

4

El Juramento de Lealtad **honra** la bandera
de los Estados Unidos. La bandera es un
símbolo de nuestro país. Representa las
libertades de todos los estadounidenses.

¿Qué es el juramento?

El juramento es una promesa a nuestro país.
Las palabras del juramento nos recuerdan
los **derechos** que tenemos.

El Juramento de **Lealtad** es una forma
de expresar **patriotismo** en público.
Así demostramos respeto a la bandera
y cariño a nuestro país.

¿Quién lo dice?

Todos los **ciudadanos** de los Estados Unidos pueden decir el Juramento de **Lealtad.** Niños y adultos a veces lo dicen en competencias deportivas.

Los **inmigrantes** se vuelven ciudadanos
de los Estados Unidos en una **ceremonia**.
Prometen ser **leales** a su nuevo país.
Ese día pueden decir el Juramento de Lealtad.

Escuelas y reuniones

Los niños dicen el Juramento de **Lealtad** en la escuela. Es un momento para pensar en nuestro país y en cómo ser buenos **ciudadanos.**

Las reuniones de los Boy Scouts y las Girl Scouts empiezan con el juramento. También se dice en las reuniones de la **comunidad.**

Cómo se dice el juramento

Al decir el Juramento de **Lealtad** miramos la bandera. Nos ponemos la mano derecha sobre el corazón.

Los miembros de las **fuerzas armadas saludan**
la bandera durante el Juramento de Lealtad.
Se paran en silencio mientras los demás dicen
el juramento.

13

Qué quiere decir el Juramento de Lealtad

I pledge **allegiance** *to the flag of the United States of America. . .*

Prometo **lealtad** *a la bandera de los Estados Unidos de América. . .*

Con estas palabras prometemos ser **leales** a los Estados Unidos.

. . .and to the Republic for which it stands. . .

. . .y a la república que representa. . .

Una república es la clase de **gobierno** de los Estados Unidos. En una república el pueblo vota por los líderes.

One Nation under God, indivisible. . .

Una nación protegida por Dios, indivisible. . .

"Una nación" quiere decir que
los 50 estados forman un solo país.
"Indivisible" quiere decir que no
lo pueden separar guerras ni grupos.

. . .with **liberty** *and justice for all.*

. . .con **libertad** *y justicia para todos.*

Todos los estadounidenses tenemos las
mismas libertades. "Justicia para todos"
quiere decir que las leyes son las mismas
para cada persona.

¿Quién escribió el Juramento de Lealtad?

Francis Bellamy escribió el primer Juramento de **Lealtad.** Salió en una revista para niños en septiembre de 1892.

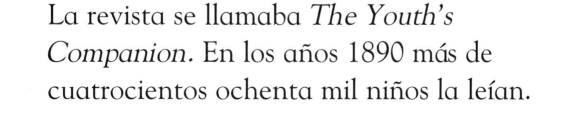

La revista se llamaba *The Youth's Companion*. En los años 1890 más de cuatrocientos ochenta mil niños la leían.

El primer Juramento de Lealtad

En 1892 el presidente Benjamin Harrison declaró que el **Día de Colón** era una fiesta nacional. El primer Juramento de **Lealtad** fue parte de las celebraciones de los niños.

3 CENTS — U.S. POSTAGE

I pledge allegiance to my Flag and (to) the Republic for which it stands — one Nation indivisible — with liberty and justice for all.

Francis Bellamy

1855 • FRANCIS BELLAMY • 1955

El primer Juramento de Lealtad sólo tenía 23 palabras. En este sello postal se ve el juramento que Francis Bellamy escribió. Decía: "Prometo lealtad a mi bandera".

Celebración escolar

Francis Bellamy y un amigo de *The Youth's Companion* escribieron un programa para niños el **Día de Colón.** Se llamaba "**Saludo a la bandera**".

El Día de Colón de 1892, Francis Bellamy oyó
a 6,000 niños decir el "Saludo a la bandera"
en Boston, Massachusetts. Los niños saludaron
la bandera al decir el juramento.

Cambios al Juramento de Lealtad

Después de la **Primera Guerra Mundial,** un grupo de **veteranos** y otras personas quería cambiar el Juramento de **Lealtad.** Las primeras palabras serían: "Prometo lealtad a la bandera de los Estados Unidos de América".

24

Ese grupo también decidió ponerse la
mano derecha sobre el corazón al decir el
juramento. Así decimos el juramento hoy.

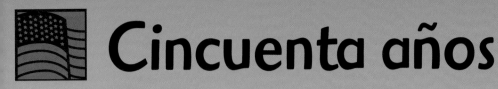 # Cincuenta años

El **Día de Colón** de 1942, el Juramento de **Lealtad** cumplió 50 años. El presidente Franklin Roosevelt declaró que era ley.

Desde ese día, sólo el **gobierno** puede cambiar o añadir palabras al Juramento de Lealtad.

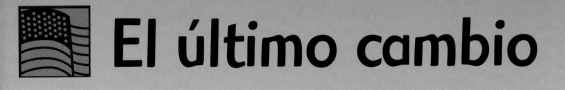

El último cambio

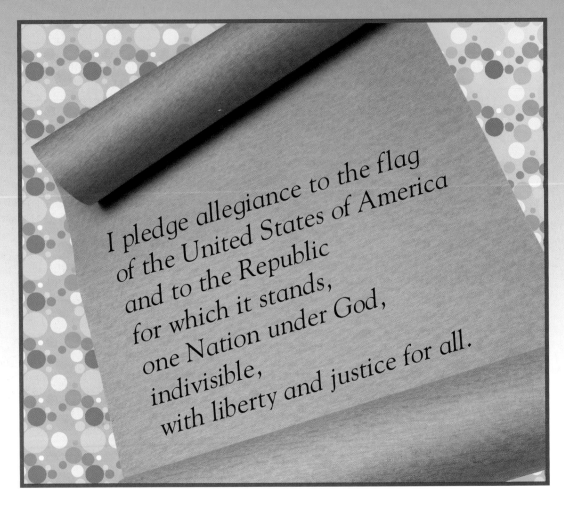

I pledge allegiance to the flag of the United States of America and to the Republic for which it stands, one Nation under God, indivisible, with liberty and justice for all.

En 1954 el **Congreso** añadió las palabras "protegida por Dios" después de "nación". Ése fue el último cambio al Juramento de **Lealtad.**

El Juramento de Lealtad ahora tiene más de cien años. Los estadounidenses decimos esas palabras con orgullo una y otra vez.

El Juramento de Lealtad

★ Más de dos millones de niños de escuelas de los Estados Unidos dijeron el primer Juramento de **Lealtad el Día de Colón** (12 de octubre) de 1892.

★ Desde 1923, todas las escuelas públicas del país empiezan el día con el Juramento de Lealtad.

★ No es obligatorio decir el Juramento de Lealtad. Unas personas no lo dicen por sus **creencias religiosas.**

★ El Día de la Bandera, el 14 de junio, muchos estadounidenses dejan de trabajar o de hacer otra cosa a las 7 P.M. (hora del este) y dicen el Juramento de Lealtad.

Glosario

ceremonia reunión para un suceso importante

ciudadano persona que vive en una ciudad o país

comunidad lugar donde vivimos y trabajamos

creencias religiosas ideas personales sobre Dios

derechos algo que merecemos sin pedir, como que todos nos traten con justicia

Día de Colón fiesta del segundo lunes de octubre para recordar la llegada de Cristóbal Colón a América del Norte en 1492; hoy también se llama Día de la Hispanidad

fuerzas armadas todas las ramas militares: el ejército, la marina, la fuerza aérea, la infantería de marina y el servicio de guardacostas

gobierno grupo de personas que maneja un país o estado

honrar demostrar mucho respeto

inmigrante persona que llega a vivir a otro país o estado

leal fiel y sincero

lealtad apoyo fiel

libertad poder escoger el trabajo, la religión y los amigos

patriotismo amor al país

Primera Guerra Mundial guerra en Europa de 1914 a 1918 en que los Estados Unidos, Gran Bretaña, Francia y otros países lucharon contra Alemania

saludar mostrar respeto tocándose la frente con la mano

símbolo cosa que representa una idea

veterano persona que ha combatido en una guerra

Más libros para leer

Un lector bilingüe puede ayudarte a leer estos libros:

Ansary, Tamim. *Columbus Day*. Chicago: Heinemann Library, 1999.

Kallen, Stuart A. *The Pledge of Allegiance*. Minneapolis: ABDO Publishing, 1994. An older reader can help you with this book.

Swanson, June. *I Pledge Allegiance*. Minneapolis: Lerner, 1990.

Índice